AF503371

DETTE DE L'ÉGYPTE

MISSION

DU

TR. HON^ble G.-J. GOSCHEN

MEMBRE DU PARLEMENT ANGLAIS

PARIS
IMPRIMERIE CENTRALE DES CHEMINS DE FER
A. CHAIX ET Cie
RUE BERGÈRE, 20, PRÈS DU BOULEVARD MONTMARTRE
1876

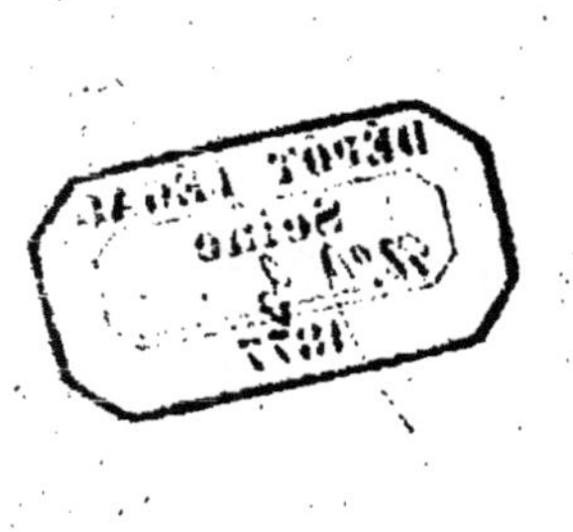

TABLE

REMARQUES PRÉLIMINAIRES

Le décret du 18 novembre a été rédigé en français, aucune traduction authentique n'en a été envoyée en Angleterre. J'ai cru dès lors utile de le faire traduire pour l'usage des porteurs de titres anglais et je profite de cette occasion pour ajouter au texte quelques notes explicatives. On a cru également qu'il était opportun de publier de nouveau l'exposé que j'ai fait le 28 novembre. — Dans ce discours, j'avais à parcourir une si vaste carrière qu'il m'était impossible de traiter tous les sujets avec une étendue égale à leur importance. Je suis heureux, dès lors, d'avoir une occasion d'ajouter à mes paroles quelques explications et quelques remarques.

I

Objections sur le chiffre du revenu de l'Egypte et réponses à ces objections.

Je crois avoir exposé avec clarté et d'une manière complète, dans mon discours, les preuves sur lesquelles reposait l'estimation des revenus, qui formait la base de notre plan. C'est à chacun de juger par soi-même jusqu'à quel point les conclusions basées sur ces preuves peuvent être considérées comme dignes de confiance. Ces preuves sont, telle que, dans mon jugement, elles enlèvent toute justification et tout motif au projet de demander aux créanciers des sacrifices plus étendus que ceux qu'ils font aujourd'hui; mais il m'est pourtant impossible, on le comprend, de démontrer que ces états de revenus sont correctement dressés, ou de garantir, soit la solvabilité, soit la bonne foi du Gouvernement Égyptien. Les principaux arguments dont on se sert pour soutenir que les revenus doivent être moindres que ceux qui ont été affirmés, sont au nombre de trois. On dit, en premier lieu, qu'un revenu de 10,500,000 livres sterling pour un pays comme l'Egypte, paraît excessif; 2° que, si un pareil revenu existait, il est incroyable que le Gouvernement ait pu se trouver aux prises avec de si grands embarras financiers; 3° que le fait du défaut de paiement des revenus entre les mains des Commissaires de la Dette, depuis le mois de mai dernier, est, *primâ facie*, une bien forte démonstration de l'insuffisance du revenu. A ces trois arguments, j'oppose les réponses suivantes :

Trois objections à l'évaluation admise pour les revenus de l'Egypte.

Réponse à la première objection.

1° Si l'on décompose la somme de 10,500,000 livres sterling, à laquelle, en nombre rond, le revenu de l'Egypte est estimé officiellement, on verra qu'une portion considérable de cette somme n'est pas un impôt dans le sens ordinaire.

Ce total renferme les recettes des chemins de fer qui ne sont un impôt en aucun sens.

Il renferme aussi les revenus locaux de plusieurs villes et municipalités, représentant en partie le paiement de services rendus, et embrassant peu d'articles de taxation générale.

Il comprend encore des droits de port et de canaux et des droits d'autres espèces, qui, de leur nature, sont entièrement des taxes locales.

Enfin, il embrasse le remboursement de dettes (1) et une avance sur des impôts à venir (2), dernier article qui doit être considéré par sa nature plutôt comme un prêt que comme une taxe.

Voici une décomposition sommaire, montrant les faits pour l'année 1875, année dans laquelle le revenu a atteint 10,800,000 livres sterling :

Taxes directes.

Sur propriétés foncières. L. st.	4,302,400	
Sur les dattiers...........	189,300	
Licences sur professions, etc. (contributions d'arts et de métiers)....................	422,000	
		4,913,700

Taxes indirectes.

Douanes........... Liv. st.	639,000	
Monopole du tabac...........	263,900	
		902,900

Revenus du Gouvernement.

Des salines....... Liv. st.	306,000	
Fermage des pêcheries......	131,800	
(Fermage du poisson frais et matarich (poisson salé).		
		437,800

A reporter. . .Liv. st.	6.254.400

(1) Le remboursement d'avances faites à certaines localités par le Gouvernement.

(2) La Moukabalah.

Report . . Liv. st.		6.254.400
Taxes diverses		
Et revenus dans les provinces .... Liv. st.	504,900	504,900
Revenus de la province		
Du Soudan .... Liv. st.		143,500
Divers		34,000
Total de la taxation générale. Liv. st.		6,936,800
Revenus, taxes et droits		
Locaux .... Liv. st.	547,800	
Municipalités, gouvernements du Caire et d'Alexandrie.		
(Gouvernements de petites villes) et recettes de police. L.st.	202,400	
Droits et péages de canaux, de ponts, de ports et autres ..	165,600	
	885,800	
Chemins de fer	990,200	
		1,876,000
Sommes reçues en anticipation de l'impôt foncier futur ..	1,613,600	
Remboursements d'avances faites par le Gouvernement en intérêts	377,700	
		1,991,300
(1)		10,804,100

(1) Une certaine portion de ces taxes, classée sous les titres de taxation municipale et locale, est peut-être levée pour les besoins

Dans quelques-uns des exposés préparés en vue de faire ressortir ce qu'il y aurait d'énorme dans le poids de l'impôt en Égypte, on a compris le montant des intérêts sur les emprunts de la Daïra. Quand l'intérêt sur les emprunts de la Daïra était converti en une obligation de l'État, il a pu être raisonnable de comprendre cet intérêt dans les charges de l'État, puisque, si la Daïra n'avait pas fourni les fonds, la charge serait retombée sur l'État. Mais, comme les emprunts de la Daïra sont distraits de la Dette Unifiée, et comme l'intérêt sur les emprunts de la Daïra doit être fourni par les produits, le coton et le sucre, qui proviennent des propriétés foncières du Vice-Roi, cet intérêt ne peut sûrement, en aucun sens, être considéré aujourd'hui comme une taxe pesant sur l'Égypte, ni être ajouté aux sommes que les contribuables égyptiens ont à payer au dehors. Si l'on veut se rendre compte du montant des taxes que l'Égypte est en mesure de payer, il ne faut pas oublier qu'une grande partie du pays donne deux récoltes par an ; mais je ne tiens pas à montrer que l'impôt en Égypte ne soit pas très-lourd. Je suis, au contraire, heureux de penser que, dans l'année 1886, le pays, qui paie aujourd'hui, à titre de contribution foncière annuelle, près de 3,900,000 liv. st., et, à titre d'avance sur les contributions foncières des années à venir, environ 1,650,000 liv. st., soit en tout 5,550,000 liv. st., n'aura plus, si le Vice-Roi tient les promesses qu'il a faites aux propriétaires du sol, à payer que 2,700,000 liv.st. (1).

---

du Gouvernement général. Mais, d'un autre côté, une portion des revenus dans les provinces, classée sous le titre de taxation générale, est levée en vue d'utilité locale. La décomposition ci-dessus n'a pas d'autre but que de donner une idée générale.

(1) Au point de vue de la question de savoir si l'impôt en Égypte est exagéré, c'est un fait assez remarquable que, bien que les taxes

Dans l'appréciation de la position future de l'Égypte, ce soulagement, qui doit se produire en fin de compte, ne doit pas être perdu de vue.

Réponse à la seconde objection.

2° Le second argument consiste à prétendre *que si les revenus ont été aussi considérables qu'on l'assure, les embarras financiers du Gouvernement Égyptien sont incompréhensibles.* Mais si l'on voulait se rendre compte des causes de ces embarras, on ne devrait pas oublier les grands travaux productifs et improductifs entrepris et poursuivis par le Vice-Roi, au moyen d'emprunts souvent contractés à des intérêts exorbitants (1).

D'un autre côté, on devrait aussi se rappeler qu'avant le décret du 7 mai, les divers fonds d'amortissement de la dette consolidée constituaient un article très-lourd qui s'ajoutait à l'intérêt. Les annuités totales renfermant l'intérêt et l'amortissement sur les

---

foncières s'élevassent à 5,000,000 liv. st., avant la loi de la Moukabalah, les propriétaires ont accepté et se sont considérés eux-mêmes comme en état de prendre à leur charge, en vertu de la loi de la Moukabalah, l'avance de la moitié de l'impôt foncier à échoir dans les années futures. Des priviléges précieux leur ont été, il est vrai, concédés par cette loi, qui leur a permis d'acquérir des titres de propriété réguliers, de sorte qu'il y avait pour eux, dans ce grand avantage, une puissante invitation à accepter les conditions de cet arrangement; mais cependant, à tout événement, il semble légitime d'induire de leur acquiescement qu'à ce moment l'opinion générale était que, malgré le montant élevé de l'impôt foncier, le fardeau additionnel, que la loi de la Moukabalah faisait peser sur le pays, pouvait encore être supporté.

(1) M. Cave dit, dans son Rapport, page première : « Des sommes immenses sont dépensées à des travaux improductifs, suivant l'usage de l'Orient, et à des travaux productifs, mais conduits d'une mauvaise façon ou hâtivement. Le Khédive a évidemment tenté de poursuivre, avec un revenu limité et dans le cours d'un petit nombre d'années, des travaux qui auraient dû être répartis sur une plus longue période, et qui auraient pesé lourdement sur les ressources d'un Trésor beaucoup plus riche. »

emprunts courts montaient à . .	Liv. st.	1.246.686
Sur l'emprunt de 1862.		263.972
1868.		953.303
1873.		2.565.670
Total.	Liv. st.	5.029.631

Et cette somme ne comprenait aucun paiement, soit pour intérêt et commission, soit pour remboursement de capital sur aucune partie de la Dette Flottante.

L'étude des opérations financières anciennes du Gouvernement Égyptien l'établit : ce qui a en grande partie causé ses embarras, c'est la Dette Flottante, qui, jusqu'au jour où le Vice-Roi a suspendu ses paiements, a exigé des renouvellements très-onéreux. La position du Vice-Roi, depuis le mois de novembre dernier, a été telle, que, par suite du déclin de son crédit et de l'impossibilité qui s'en est suivie pour lui de renouveler les titres qui venaient à échéance, il lui a fallu chercher des capitaux pour les payer ; il n'a pu les trouver, ou, en tous cas, il n'a pu les obtenir qu'à des conditions absolument ruineuses. Ces considérations n'ont d'ailleurs d'autre but que de montrer que les derniers embarras du Trésor égyptien peuvent être attribués à beaucoup de causes diverses et ne sont nullement incompatibles avec l'existence d'un revenu annuel considérable.

Réponse à la troisième objection.

3° On dit que *le défaut de paiement des revenus entre les mains des Commissaires de la Dette, depuis le mois de mai dernier, indique assez l'épuisement du pays.*

Mais d'abord il aurait fallu se souvenir que la Commission n'a pas commencé à fonctionner en mai, mais seulement en juillet, et, de plus, que les taxes, en Égypte, ne sont pas perçues à des dates fixes, le Gouvernement ayant une grande latitude, soit pour en presser, soit pour en ralentir le recouvrement. Nous avons eu des raisons de croire que, d'une part, les taxes avaient été recouvrées avec quelque sévérité avant que la commission entrât en fonctions, et, d'autre part, qu'on a mis, dans les recouvrements, moins d'activité qu'à l'ordinaire pendant les quatre mois qui ont suivi cette entrée en fonctions. Comme je l'ai dit dans mon discours, nous avons eu des preuves manifestes de l'existence d'un dessein très-arrêté de la part du dernier Ministre des finances, de briser le décret du 7 mai, de réduire l'intérêt à 5 0/0 et, en attendant, de verser le moins possible entre les mains des Commissaires.

Mais, ce qui est surtout décisif, c'est que nous avons eu la preuve certaine que des revenus qui auraient dû être payés aux mains des Commissaires ont été détournés de leur affectation pour être appliqués à d'autres objets; et, fait significatif, immédiatement après le renvoi du dernier Ministre des finances, de larges paiements ont été opérés aussitôt, et cela, non-seulement entre les mains des Commissaires de la Dette, mais encore entre les mains d'autres créanciers du Gouvernement. Les 100,000 liv. st. nécessaires pour le paiement de l'intérêt des actions du Canal de Suez qui appartiennent au Gouvernement anglais ont été trouvées depuis cette époque, indépendamment de la somme payée entre les mains des Commissaires de la Dette. Il a été aussi pourvu au semestre du tribut dû à la Porte, semestre montant à environ 342,000 liv. st. Notre attention a été appelée également par le Gouvernement sur la forte dépense à laquelle il a été soumis par suite de la guerre d'Abyssinie et de la campagne de Serbie pendant les six derniers mois (1).

Je suis d'ailleurs loin de dire que, malgré tous les renseignements qui nous ont été donnés, il nous ait été rendu compte d'une manière satisfaisante de l'emploi de toutes les sommes entrées, de l'aveu du Gouvernement, dans le Trésor égyptien. Quelques critiques ont tiré de là la conséquence que la recette qui nous a été annoncée n'a pas été faite en réalité. Mon collègue et moi, d'accord, je le crois, avec la grande majorité du public égyptien et avec des personnes en mesure de connaître la vérité, nous en avons tiré une conclusion toute différente. Pour contester que les revenus puissent avoir été aussi considérables que le portent les comptes officiels qui nous ont été soumis, nos contradicteurs se basent principalement sur des inductions générales. Les faits nous ont paru conclure autrement. On doit d'ailleurs reconnaître, et je suis le premier à l'avouer, l'extrême difficulté que l'on rencontre, lorsque l'on cherche à dégager la vérité au milieu des documents où se trouvent beaucoup de contradictions : à nos yeux, ces contradictions paraissent démontrer des suppressions bien plutôt que des exagérations de recettes; mais personne moins que moi ne désire dogmatiser sur un tel sujet (2).

(1) Nous avons appris aussi, d'après des autorités qui nous ont paru sérieuses, que des sommes très-considérables ont été envoyées en or pour venir en aide à la Porte pendant le cours de cette année.

(2) Il faudrait remarquer que les états qui nous ont été soumis, par le Gouvernement pour les années à venir ont laissé de côté, dans le revenu foncier, une somme de liv. st. 240,000 qui, d'après d'autres documents, devrait y figurer; que les revenus de la province du Soudan, qui figurent pour 143,000 dans les recettes de 1875 ont été entièrement omis et que la somme due pour le remboursement des avances faites aux villages a été abaissée à un chiffre beaucoup plus bas que dans les documents fournis à M. Wilson. Il ne

II

Probabilités du maintien du chiffre actuel des revenus.

Mais, dira-t-on, si les revenus qui ont été reçus sont tels qu'on l'a affirmé, est-il vraisemblable qu'ils continuent à rentrer à l'avenir dans la même proportion ? Quel sera vraisemblablement l'effet de la réforme financière sur le revenu? Si les taxes doivent être perçues sous l'empire d'une administration plus humaine qu'elle ne l'a été jusqu'alors, le produit restera-t-il le même? Nous avons beaucoup entendu parler, par de très-hautes autorités égyptiennes, de taxes réclamées et perçues des fellahs en sus de ce que la loi permettait d'exiger. On ajoutait que les taxes étaient souvent demandées à des époques intempestives, de sorte que les fellahs, pour satisfaire à ces taxes, se voyaient obligés d'emprunter à des intérêts usuraires, ce qui accroissait sérieusement le fardeau auquel ils étaient soumis. Mais on nous a assuré qu'en ce qui concerne les taxes légitimes et régulières, les fellahs étaient en mesure de les payer, et que, s'ils cessaient d'être en butte à des extorsions, ils paieraient volontiers ce qui était dû au Trésor. D'un autre côté, des doutes ont été, il est vrai, exprimés sur la question de savoir si les collecteurs agis-

nous a pas été donné d'explication satisfaisante en ce qui regarde la différence de 240,000 liv. st. dans le revenu foncier. On nous a donné des raisons qui montrent que les revenus de la province du Soudan seraient, par suite de la suppression du commerce des esclaves, réduits notablement, mais dans les comptes du Gouvernement, ces revenus sont portés comme *néant* pour les neuf prochaines années. En ce qui regarde les dettes des villages, il a été expliqué qu'il faudrait, pour partie, en faire la remise, et, pour partie, en étendre la perception sur une beaucoup plus longue période.

sant sous les ordres d'un Européen seraient capables d'obtenir la totalité des impôts même légaux. Que l'on admette, si l'on veut, qu'il puisse y avoir sous ce rapport quelque diminution : il faudrait placer en regard la somme additionnelle à percevoir sur les propriétés qui pourront être mises en culture, et les états du Gouvernement ne tiennent aucun compte de cette augmentation jusqu'à l'année 1886 (1).

D'un autre côté, il paraît certain qu'une administration complétement européenne, appliquée à la perception des taxes indirectes, mettra fin à beaucoup de désordres et accroîtra considérablement le produit de ces impôts. Il n'y avait pas bien longtemps que le service des postes était placé sous la surveillance d'un fonctionnaire anglais intelligent et capable. D'ordinaire, ce service laissait une perte; aujourd'hui, il donne déjà un profit considérable. Un Anglais qui a l'expérience administrative a été placé, il y a peu de semaines, par le Vice-Roi, à la tête des douanes, et les revenus des sels et des tabacs ont été aussi confiés à sa direction. Le Vice-Roi lui a donné pleins pouvoirs pour réorganiser le service et pour nommer son état-major. J'ai eu quelques conversations avec ce fonctionnaire, et il m'a assuré que, d'après l'examen qu'il avait déjà fait de l'Administration, de larges accroissements de recettes devaient, dans sa convic-

(1) Le Rapport de M. Cave expose (page 5) : « 352,350 feddans ont été mis en culture et seront prochainement comptés pour l'impôt, comme cela doit se faire graduellement; il n'y aura pas d'accroissement immédiat de revenu, mais une augmentation de 180,000 liv. st. par an dérivant de cette source peut être attendue dans le cours des neuf prochaines années. Une autre étendue de 267,650 feddans deviendra sujette à taxation après qu'elle aura été arpentée, et on peut en attendre un nouveau revenu annuel de 140,000 liv. st.

tion, être le résultat des réformes à introduire (1). Et son estimation de l'augmentation probable était si élevée, que je n'ose la produire. De même, il est possible que les dépenses d'exploitation des chemins de fer soient réduites; on m'a montré qu'une très-notable économie était possible sur l'article des charbons seulement. Ainsi, à ce qu'il semble, il se peut, d'un côté, que, sous une administration réformée, il se produise quelque dépression dans le rendement des taxes payées par la classe la plus pauvre des cultivateurs; mais, d'un autre côté, il est presque certain qu'un accroissement de recettes se manifestera pour tous les revenus indirects placés sous la direction européenne, non-seulement par suite du progrès dans la perception, mais aussi par suite de l'application de tous les procédés européens. J'ai exposé, dans mon discours,

---

(1) M. Cave donne un exemple dans le paragraphe suivant de son Rapport. D'après un calcul fait d'après les données très-imparfaites accessibles au public, une haute et indépendante autorité aurait estimé que les recettes de la douane d'Alexandrie, seulement pour l'année 1872, auraient dû monter à 558,727 liv. st., tandis que le produit des recettes de tous les ports atteignait seulement 541,215 liv. st., c'est-à-dire 17,512 liv. st. de moins que n'aurait dû donner à elle seule la douane d'Alexandrie.

De même à la page 6 : « On peut s'attendre aussi à voir les droits de douane progresser; il y a eu un accroissement continu et graduel des exportations de coton, qui se sont élevées de 1,253,593 quintaux, en 1867, à 2,615,120 quintaux, en 1874.

» Dans les chiffres généraux des importations et des exportations, il y a aussi un progrès marqué. »

De même, cette statistique montre que le pays a fait de grands progrès en tous genres, sous le souverain actuel; mais, malgré ce progrès, sa position financière est, par les raisons qui ont déjà été exposées, très-critique; cependant, la dépense n'aurait pas à elle seule produit la présente crise, qui peut être attribuée presque entièrement aux conditions ruineuses d'emprunts contractés pour de pressants besoins, qui, dans plusieurs cas, provenaient de causes sur lesquelles le Khédive avait bien peu le pouvoir d'agir.

les objections insurmontables que je sentais au dedans de moi contre une réduction d'intérêts, impossible à justifier et à soutenir, alors que les comptes du Gouvernement lui-même prouvaient qu'aucune réduction de ce genre n'était nécessaire. Dans peu d'années, lorsque les contrôleurs généraux et les autres fonctionnaires européens auront complétement accompli leur œuvre, on saura ce que seront les revenus de l'Égypte sous une administration améliorée. S'il en ressort la preuve, qui manque absolument aujourd'hui, que le fardeau imposé à l'Égypte par les nouveaux arrangements soit trop lourd pour le pays, on pourra prendre alors des mesures en conséquence, mais je n'ai aucune raison de croire qu'il en doive être ainsi.

III

Besoins financiers annuels du Gouvernement Égyptien. Ils ne peuvent légitimer aucun nouveau sacrifice aux créanciers

J'arrive à la question des besoins financiers annuels du Gouvernement. Une certaine confusion paraît être née de ce qu'on a mêlé, dans l'examen du passé, les dépenses ordinaires du Gouvernement et ses dépenses pour travaux publics. Or, on doit croire que la liste des dépenses extraordinaires est close aujourd'hui et qu'elle ne sera pas rouverte avant le moment où les finances de l'Égypte auront ressenti quelque soulagement.

La somme de 4,500,000 livres sterling que demande le Gouvernement contient d'ailleurs un article considérable pour les dépenses imprévues; tous les autres articles ont pour base les besoins des années précédentes. M. Cave dit : « Les charges permanentes du budget sont :

Tribut à Constantinople. . . . . Liv. st.	685.308
Intérêts sur le canal de Suez.	198.829
Administration renfermant la liste civile de Son Altesse et de sa famille	3.067.560
Liv. st.	3.951.697

soit 4,000,000 livres sterling. »

Le rapport de M. Cave contient les détails de cette dépense présumée.

Il importe de faire observer que ce total comprend le tribut à Constantinople et l'intérêt des actions du canal de Suez.

Les prévisions de dépenses ont été examinées avec soin de concert avec le Gouvernement, à la fois par M. Wilson et par M. Villet. Je puis ajouter que j'ai entendu affirmer, par une autorité encore plus haute, que l'Égypte peut être gouvernée pour une somme plus faible, et je suis encore beaucoup plus ferme dans mon opinion sur la dépense que dans mon opinion sur le revenu. En ce qui concerne la dépense, je n'hésite pas à le dire, il serait impardonnable d'imposer aux créanciers des sacrifices plus étendus ou plus prolongés dans le but de permettre d'établir un budget de dépenses dépassant 4,500,000 livres sterling.

IV

Dans quel but et en vue de quel résultat des sacrifices ont été imposés aux créanciers.

La marche que nous avons adoptée est la suivante: Nous avons exigé des sacrifices des créanciers, mais nous les avons exigés pour réduire le montant de la dette égyptienne et arriver ainsi à ces deux résultats qui se lient l'un à l'autre: soulager l'Égypte et fortifier au profit des créanciers la certitude de recevoir l'intérêt auquel ils ont droit.

La proportion dans laquelle la dette sera réduite, d'après l'arrangement définitif fait avec le Gouvernement, dépend en partie de l'élasticité du revenu. Il est absolument arrêté que le 1/7 de l'intérêt payable sur la Dette Unifiée sera, pendant le cours des neuf prochaines années, consacré à racheter et à annuler des titres. Il est, de plus, absolument arrêté que les annuités sur les petits emprunts devront être payées à l'aide des produits de la Moukabalah, jusqu'à ce qu'ils soient complétement éteints. Le surplus de la Moukabalah doit aussi être consacré à racheter des titres de la Dette Unifiée, excepté pourtant dans le cas où la somme nécessaire pour faire face aux intérêts de la Dette et aux dépenses de l'Administration, telles qu'elles sont fixées dans le décret, dépasserait le revenu de l'année. Dans ce cas, la différence destinée à faire face à ces deux objets serait fournie par la somme restée libre sur la Moukabalah, après paiement des annuités sur les emprunts courts. D'un autre côté, si les revenus excèdent la somme nécessaire pour le service de la Dette Unifiée et les dépenses d'administration, telles qu'elles sont fixées dans le décret, l'excédant, aussi bien que la portion restée libre de la Moukabalah, et le 1 0/0 retenu sur la Dette Unifiée, toutes ces ressources réunies doivent être consacrées à racheter des titres de la Dette.

D'après les chiffres du Gouvernement, la Dette Unifiée serait ramenée dans l'année 1886, époque à laquelle la Moukabalah cesse et l'impôt foncier diminue, à environ 41,350,000 livres sterling. Si nos inductions sont exactes, nous pensons que certains articles de revenus ont été omis dans les comptes du Gouvernement, de sorte que la proportion de la réduction de la Dette serait plus considérable encore; mais en prenant les chiffres du Gouvernement le résultat en 1886 serait le suivant :

7 0/0 intérêt et amortissement sur la Dette Unifiée de 41,350,000 liv. st. environ.	Liv. st.	2.900,000
5 0/0 intérêt et amortissement sur la Dette privilégiée		885.000
Ensemble	Liv. st.	3.785.000
Dépenses de Gouvernement.		4.500.000
Ensemble	Liv. st.	8.285.000

En face du revenu de 8,500,000 liv. st., qui, d'après l'exposé du Khédive à la Chambre des notables, doit être celui de l'année 1886, M. Cave calcule le revenu probable en 1886 et pendant les années suivantes à 8,473,000 liv. st. Les chiffres du Gouvernement ne tiennent compte d'aucun accroissement annuel, quel qu'il soit, soit par suite de la mise en culture de nouvelles terres, soit par suite des progrès dans la perception des taxes indirectes, soit par suite de l'accroissement ordinaire et normal du revenu pendant les neuf prochaines années; il néglige absolument tous ces éléments jusqu'à l'année 1886.

La portée financière du plan qui a été adopté ne

peut être complétement appréciée, sans qu'il soit fait une distinction nette entre la charge conservée pour l'intérêt, sous l'empire du nouveau décret, et la somme appliquée à la réduction de la Dette. Sous ce rapport, on verra quelle différence sépare ce plan de celui qui avait pris corps dans le décret du 7 mai ; ce second décret établissait une Dette Unifiée de 91,000,000 liv. st. avec un intérêt de 7 0/0 et une petite allocation pour un fonds d'amortissement, calculé de manière à éteindre la Dette en 65 ans. De l'annuité nécessaire pour le service de cette dette il faudrait déduire la somme qui était consacrée à payer l'intérêt, sur la dette de la Daïra. La somme restant après cette déduction, et qui était une charge permanente, s'élevait environ à 5,800,000 liv. st. Si nous jetons les yeux par avance sur l'année 1886, et si nous comparons les deux plans, nous verrons que, sous l'empire du premier décret, l'Égypte aurait eu à payer, en 1886, 5,800,000 liv. st. au lieu de 3,785,000 liv. st., auquel l'application du nouveau décret réduira la charge annuelle de la Dette. Ce n'est pas sur les trois ou quatre premières années, période pendant laquelle les emprunts courts doivent être remboursés, que la comparaison doit s'établir, car le projet n'a pas été fait seulement pour ces trois ou quatre premières années ; néanmoins, pendant cette courte période, les sacrifices suivants ont été faits par les créanciers :

1° La différence entre 5 0/0 et 7 0/0 sur la preference stock de 15,000,000 liv. st., monte à . . . . Liv. st.	300.000
2° La réduction dans le boni accordé à la Dette Flottante de l'État, montant à 3,400,000 liv. st., épargne une charge an-	
A reporter. Liv. st.	300.000

	Report. Liv. st.	300.000
nuelle de 7 0/0 sur ce montant, c'est-à-dire		238.000
3° 1 0/0 sur 59,000,000 liv. st. de Dette Unifiée, portion retenue pour le rachat de la dette, monte à		590.000
Total du sacrifice annuel	. Liv. st.	1.128.000

Telle est la somme annuelle que les créanciers abandonnent au Gouvernement Égyptien ; l'économie de 300,000 liv. st. par an, procurée par la création des obligations de chemins de fer, et celle de 238,000 liv. st. qui résulte de la diminution du beni ou majoration, sont des économies permanentes. Les autres sacrifices sont faits pour neuf années ; le sacrifice de 20 0/0 dans le taux du remboursement des emprunts courts montant à 800,000 liv. st. en capital n'est pas compris dans les calculs ci-dessus.

Les paiements pour les emprunts cours cesseront dans l'année 1882. Ces paiements s'élèvent à environ 1,050,000 liv. st. pour les années 1877, 1878, 1879.

En 1880	Liv. st.	768.000
En 1881		294.000
En 1882		210.000

On voit avec quelle rapidité le fardeau décroît progressivement. Un autre allégement, pour le Gouvernement Égyptien, consiste dans ce fait que la charge de la dette unifiée décroît annuellement au moyen des annulations de titres, par suite de rachats. C'est par une réduction graduelle et progressive que l'on peut s'attendre à voir la charge annuelle de la Dette Unifiée descendre de 4,170,000 liv. st. en 1877, à 2,900,000 liv. st. en 1886.

La clef, comme je l'ai dit ailleurs, de tout le système, est dans l'application d'une portion considérable du revenu, accrue par les sacrifices que font les créanciers, à la réduction de la Dette; une large proportion du fardeau total est appliquée à cet objet, et cette circonstance a une portée très-grande pour l'appréciation du degré de certitude du paiement de l'intérêt annuel aux mains des créanciers.

Je n'ai pas l'intention d'indiquer aucun défaut de confiance dans les chiffres sur lesquels nous sommes tombés d'accord avec le Gouvernement; mais en réponse à la supposition que l'Égypte n'aurait pas les ressources suffisantes pour payer, je prends la liberté de remarquer que, après qu'on aurait fait la part du paiement des petits emprunts, il restera encore, sur la Moukabalah, une très-large somme disponible, destinée sans doute au rachat de la Dette, mais qui, dans le cas d'une déception sur les revenus, devrait être entamée avant que les fonds manquassent pour le service des intérêts dus aux créanciers.

Les arrangements qui ont été faits répartissent les paiements à faire par le Gouvernement Égyptien, sur toute l'année, au lieu de les concentrer, comme cela avait été fait par le décret du 7 mai, sur deux dates, le 15 janvier et le 15 juillet. Sous l'empire des nouveaux arrangements, 3 0/0 seront payés aux porteurs de la Dette Unifiée, le 15 janvier, et 3 0/0 le 15 juillet; 2 1/2 0/0 aux porteurs de la Dette Privilégiée de 17,000,000, le 15 avril, et 2 1/2 0/0 le 15 octobre. Les annuités sur les emprunts courts seront réparties sur six dates différentes; cette division dans les échéances facilitera, on le croit, les arrangements financiers du Gouvernement Egyptien.

V.

Après avoir fait les observations qui précèdent sur les recettes et les dépenses probables du Gouvernement Egyptien, et sur la portée du dernier décret en ce qui regarde les finances d'Egypte, je désire ajouter quelques mots au sujet des garanties qui ont été prises pour l'accomplissement des engagements auxquels le Vice-Roi est obligé. Ces garanties s'ajoutent à celles qui ont été données dans le décret du 7 mai, et en les lisant on doit les réunir aux dispositions de ce décret. Les créanciers verront dans le décret du 18 novembre, l'institution de contrôleurs européens et des administrateurs européens des chemins de fer. Ce sont là les nouvelles créations faites par le récent décret, mais ils ont encore à considérer la Commission de la Dette Publique créée par le décret du 7 mai et fortifiée par les différentes clauses du décret nouveau. Ils doivent aussi porter leur attention sur l'action des tribunaux internationaux. L'attitude prise par le Vice-Roi vis-à-vis des grandes Puissances, au moment de la création de ces tribunaux, ne doit pas être passée sous silence. En instituant les tribunaux internationaux, le Vice-Roi a solennellement fait appel aux grandes Puissances, pour la désignation des juges. Les grandes Puissances ont fait cette désignation, et ces tribunaux internationaux ont obtenu une position qui leur donne une grande force, et dont les effets, malgré quelques circonstances embarrassantes, n'ont pas manqué de se faire déjà sentir en Egypte. Nubar-Pacha a rendu un immense service, à la fois, à son pays et aux Européens qui ont des relations avec l'Egypte, en prenant Garanties.

part à cette grande réforme. Les Commissaires de la Dette Publique, qui, tous, à l'exception du Commissaire anglais, qui doit être nommé prochainement, ont été désignés au Vice-Roi par les grandes Puissances, ont le pouvoir de déférer à ces tribunaux toute infraction aux engagements et d'assigner même le Ministre des finances, et naturellement les contrôleurs généraux eux-mêmes, et cela ne serait pas une formalité vaine. En effet, les Commissaires avaient assigné le dernier Ministre des finances devant les tribunaux bien peu de jours avant sa chute. Les Commissaires de la Dette Publique sont chargés de la fonction bien simple, quoique très-importante, de veiller à ce que les revenus affectés aux créanciers soient versés en leurs mains. Ils conservent ces fonds pour le compte des créanciers et ont à les envoyer à la Banque d'Angleterre et à la Banque de France. La difficulté avec laquelle ils étaient aux prises, depuis leur entrée en fonctions en juillet, consistait en ce qu'ils ne pouvaient obtenir une preuve suffisante du paiement effectif des taxes. Ils pouvaient bien constater un déficit, mais ils ne pouvaient suivre les fonds à travers les destinations diverses, qui pouvaient leur avoir été données. L'institution des deux contrôleurs généraux surmontera, on l'espère, cette difficulté et d'autres encore. Le contrôleur général des recettes aura le pouvoir de nommer des percepteurs dans chaque branche des recettes; ainsi, les arrangements pris pourvoient à ce que les taxes affectées aux créanciers, depuis le moment où elles sont payées jusqu'à celui où le produit en arrive à la Banque d'Angleterre, ne cessent pas d'être placées sous une direction européenne, ou tout au moins d'être soumises à un contrôle et à une surveillance européens.

Si les contrôleurs généraux font leur devoir, les infractions à la foi promise ne pourront être accomplies en secret, c'est au grand jour qu'elles devront s'étaler. Les contrôleurs généraux ne dépendent d'aucune autre autorité que celle du Khédive lui-même ; et d'après le système de garantie tel qu'il a été organisé, il faudrait, pour que des irrégularités puissent se produire, que le Vice-Roi lui-même voulût porter ouvertement un défi à l'opinion publique et aux Puissances qui, sur sa propre demande, ont nommé les Commissaires de la Dette et les juges des tribunaux internationaux. Un souverain absolu peut, sans doute, casser des décrets, et des circonstances extraordinaires peuvent quelquefois empêcher l'exécution de ces décrets ; mais j'ose dire que lorsque la nouvelle organisation sera en vigueur, il sera absolument impossible que des actes semblables à ceux qui ont eu lieu dernièrement se reproduisent, ou, s'ils se reproduisaient, ils n'éclatent pas immédiatement au grand jour et n'amènent pas une crise.

Dans le décret du 7 mai, des stipulations ont été faites afin d'empêcher qu'il ne soit contracté de nouveaux emprunts par le Vice-Roi, si ce n'est dans certaines conditions déterminées, dont les Commissaires de la Dette sont faits juges. Ces stipulations restent en vigueur ; mais une garantie, qui va plus loin encore, est insérée dans un article du nouveau décret. Cet article exige que, pour tous les contrats contenant des engagements pécuniaires qui excèdent le douzième des crédits ouverts pour l'année, ou qui s'appliquent à plusieurs exercices, il n'intervienne une approbation préalable du comité des finances, composé du Ministre des finances et de deux contrôleurs généraux.

Le contrôleur général de la comptabilité et de la Dette Publique doit être chargé de la tâche spéciale de veiller à l'exécution de tous les règlements concernant les dettes de l'État.

Je ne cherche pas à exagérer la force des liens qui résultent de ces garanties. Je sais parfaitement que tous ces règlements peuvent être renversés par un acte arbitraire, mais il faudra que cet acte arbitraire soit une sorte de défi ouvertement jeté à l'opinion publique et aux Puissances que le Vice-Roi a appelées à son secours pour mettre ses réformes à exécution.

Je désire, en terminant, faire encore une observation : J'admets pleinement que ceux qui contestent au Gouvernement Égyptien la puissance ou le désir de faire face à ses engagements, puissent ressentir l'impérieux devoir de faire partager au public leurs craintes sur les finances égyptiennes, et je reconnais entièrement leur droit d'agir en ce sens ; je ne puis pourtant m'empêcher de le dire, ce serait une chose profondément regrettable que le Khédive pût être amené à croire que l'opinion publique n'attend pas rigoureusement de sa part une pleine et fidèle exécution des engagements qu'il a solennellement promis d'accomplir, et que des attaques inopportunes vinssent le décourager au milieu de la tâche assurément rude et laborieuse qu'il a entreprise, de relever sa position financière, en se soumettant à des restrictions et à des gênes, toujours pénibles pour un prince de l'Orient.

La puissance de l'opinion publique sur ce sujet des finances égyptiennes a été pour nous, dans nos négociations, un auxiliaire d'une force incalculable ; — l'opinion publique de l'Europe (et le souverain actuel de l'Égypte est un homme trop intelligent pour y être insensible), — telle est, à mes yeux, l'une des garanties qui assurent le maintien des arrangements que nous avons conclus.

Signé : Georges-J. Goschen.

Londres, le 15 décembre 1876.

DÉCRET DU 18 NOVEMBRE 1876

Alexandrie, le 18 Novembre 1876.

DÉCRET

NOUS, KHÉDIVE D'ÉGYPTE,

Considérant que le décret du 7 mai 1876, relatif à l'unification des Dettes de l'État et de la Daïra, nécessite dans son application certaines modifications;

Considérant le Décret du 2 mai 1876 instituant la Caisse de la Dette Publique, et, voulant affermir mieux encore les attributions des Commissaires-Directeurs de la dite Caisse ;

Considérant que la suppression de la loi de la Moukabalah soulève des objections unanimes de la part des intéressés, et que la Chambre des Délégués a émis le vœu qu'elle fût maintenue;

Dans Notre ferme désir d'assurer la marche régulière des services publics, tout en sauvegardant les intérêts des créanciers par des garanties plus efficaces,

NOTRE CONSEIL PRIVÉ ENTENDU,

AVONS DÉCRÉTÉ ET DÉCRÉTONS :

TITRE PREMIER.

Finances.

ARTICLE PREMIER.

Les Dettes de la Daïra, comme il est indiqué aux tableaux A et B insérés dans le présent Décret, sont séparées des Dettes de l'État et ne rentrent pas dans l'unification de la Dette Publique générale. Ces Dettes feront l'objet d'un arrangement spécial.

ART. 2.

La loi de la Moukabalah est rétablie et est considérée comme n'ayant jamais cessé d'être en vigueur. Toutefois, les réductions annuelles produites par les effets de la loi de la Moukabalah ne seront appliquées qu'à partir de l'année 1886, et il sera tenu compte aux contribuables, jusqu'à la fin de l'année 1885, d'un intérêt de 5 0/0 sur les sommes qui devaient être déduites.

Tous les produits de la Moukabalah seront appliqués à l'amortissement des emprunts 1864, 1865 et 1867 et de la Dette Unifiée.

Pour l'emploi des sommes disponibles provenant de la Moukabalah, il est fait certaines réserves qui sont consignées à l'article 6, relatif à l'amortissement.

Art. 3.

Il est établi une administration spéciale des Chemins de fer et du Port d'Alexandrie, qui sera placée sous la direction d'une commission, comme il sera indiqué ci-après.

Les revenus des Chemins de fer et du Port d'Alexandrie seront directement appliqués au paiement des intérêts et de l'amortissement d'une série d'obligations privilégiées ayant une hypothèque spéciale sur les Chemins de fer et le Port d'Alexandrie, pour une somme de dix-sept millions de livres sterling rapportant 5 0/0 d'intérêts, amortissables en soixante-cinq ans, jouissance du 15 octobre 1876.

Ces obligations seront offertes par préférence aux porteurs des emprunts 1862, 1868 et 1873 en échange des obligations de ces emprunts qui rapportent 7 0/0, lesquelles obligations seront annulées.

L'annuité nécessaire au service des obligations privilégiées 5 0/0, s'élevant à livres sterling huit cent quatre-vingt-cinq mille sept cent quarante-quatre, et payable en deux semestrialités de livres sterling quatre cent quarante-deux mille huit cent soixante-douze chacune, formera la première charge sur les revenus des chemins de fer et du port d'Alexandrie et restera, en tous cas, la première obligation de la commission de la Dette Publique.

ART. 4.

Les emprunts de 1864, 1865 et 1867 sont déduits de la Dette Unifiée.

Ils continueront à jouir de leurs intérêts jusqu'à leur amortissement complet.

Ils seront amortis dans les termes de leurs contrats respectifs. Toutefois cet amortissement se fera au taux de 80 (quatre-vingts) au lieu du taux de cent, et le premier amortissement semestriel à opérer sera reculé de six mois, c'est-à-dire qu'il se fera pour l'emprunt 1864 le 1er avril 1877; pour l'emprunt 1865, le 7 juillet 1877; et pour l'emprunt 1867, le 22 mai 1877.

ART. 5.

La majoration de 25 0/0 accordée par le Décret du 7 mai dernier aux porteurs de la Dette Flottante est réduite à 10 0/0.

Par effet de ces mesures, l'état financier sera le suivant :

A. La majoration portée dans le tableau d'unification annexé au Décret du 7 Mai à		£ 6,204.327
est réduite :		
1° De la majoration entière sur les Livres sterl. 2,906,151 de la Dette Flottante de la Daïra, ci. . . . . £	726.537	
2° De la majoration sur les emprunts 1864, 1865 et 1867, ci.	306.796	
3° De la réduction de la majoration accordée aux Dettes Flottantes de la Malieh et de la Daïra sur la Malieh, soit Livres sterl. 5,170,993 dont les 3/5 (trois cinquièmes) représentant le 15 0/0 à déduire, ci. . . .	3.102.597	4.135.930
		2.068.397

La Dette Unifiée de. . . . . £		91.000.000
est, par ces divers retraits, réduite comme suit :		
1° Dette Consolidée de la Daïra.	5.909.280	
2° Dette Flottante de la Daïra	2.906.151	
3° Emprunts 1864, 1865, 1867.	4.392.616	
4° Chemins de fer et Port d'Alexandrie .	17.000.000	
5° Diverses majorations	4.135.930	34.343.977
		56.656.023
Il revient au Gouvernement en représentation du Port d'Alexandrie donné en garantie, deux millions en titres de la Dette Générale, ci		2.000.000
Solde à la disposition du Gouvernement, ci		343.977
Total de la Dette Unifiée. £		59.000.000

Cette Dette de cinquante-neuf millions de livres sterling est dotée d'une annuité de quatre millions cent soixante-dix-sept mille sept cent vingt livres sterling représentant l'amortissement en soixante-cinq ans et l'intérêt à 7 0/0 sur le capital, jouissance du 15 juillet 1876.

Cette annuité est payable en deux semestrialités de deux millions quatre-vingt-huit mille huit cent soixante livres sterling chacune.

Les revenus qui sont actuellement attribués à la Caisse de la Dette Publique par Notre Décret du 7 mai 1876 lui restent affectés, sauf les modifications qui résulteront du présent Décret et qui seront réglées par les Contrôleurs généraux dont il est parlé ci-après et par les Commissaires-Directeurs de la Dette Publique.

Les deux millions de livres en titres de la Dette Générale qui reviennent au Gouvernement pour le Port d'Alexandrie ne pourront être aliénés qu'après paiement intégral des livres sterling sept cent quatre mille dues aux entrepreneurs du Port le 1er janvier 1877.

TITRE II.

Amortissement.

Art. 6.

Les opérations de l'amortissement se feront par les soins des Commissaires de la Caisse de la Dette Publique. Pour augmenter le fonds d'amortissement, il sera fait un prélèvement du septième des intérêts à 7 0/0 qui sont affectés au service de cette Dette, soit 1 0/0 (un pour cent) sur le capital restant à amortir, au commencement de chaque année.

Les fonds provenant de ce prélèvement seront ajoutés aux sommes disponibles de la Moukabalah, et seront également employés à l'amortissement, par voie de rachats publics, sous réserve de ce qui est dit plus loin à défaut de rachats publics.

Cette retenue pourtant ne se fera que jusqu'à la fin de l'année 1885, au maximum, et si, avant cette époque, la Dette Unifiée est réduite à quarante millions de livres sterling, le paiement des intérêts de 7 0/0 sera repris à ce moment.

Les fonds provenant de la Moukabalah seront versés intégralement à la Caisse de la Dette Publique chargée du service de l'amortissement. La Commission de la Caisse de la Dette Publique prendra sur les fonds versés la somme nécessaire à l'amortissement des emprunts de 1864, 1865 et 1867, et elle consacrera le solde disponible à l'amortissement de la Dette Générale Unifiée.

Dans le cas où, après qu'il aura été pourvu au service de la Dette Publique, les revenus seraient insuffisants pour faire face aux dépenses budgétaires du Gouvernement, telles qu'elles sont fixées dans le tableau annexé au présent Décret, le Comité des finances, composé du Ministre des finances et des deux Contrôleurs généraux, en préviendra la commission de la Dette Publique, qui retiendra sur les fonds disponibles provenant de la Moukabalah et destinés à l'amortissement de la Dette unifiée la somme nécessaire pour combler la différence.

Pour être en mesure de subvenir à cette obligation, la commission de la Dette Publique conservera dans ses caisses en Égypte, sur les produits disponibles de la Moukabalah affectés à l'amortissement de la Dette Publique, une somme de six cent mille livres sterling par an. Cette somme ne pourra être envoyée en Europe qu'après une déclaration du Comité des finances dont il est parlé plus haut.

Si d'autre part il existe un excédant de revenus après qu'il aura été fait face aux charges de la Dette Publique et aux dépenses budgétaires sus-mentionnées, cet excédant devra être ajouté à l'amortissement.

L'amortissement, tant par la retenue de un pour cent que par les sommes restant disponibles de la Moukabalah et les excédants budgétaires, se fera par rachats publics, en tant qu'il sera possible de les effectuer au-dessous du cours de soixante-quinze.

Dans le cas où, pendant la période de la Moukabalah, les rachats ne pourraient se faire à un taux inférieur à soixante-quinze, l'amortissement se fera par tirage au taux de soixante-quinze. Aussitôt que les augmentations de revenus produiront un excédant budgétaire de livres sterling cent cinquante mille par an, l'amortissement se fera au taux de quatre-vingts.

TITRE III.

Administration. — Contrôleurs généraux.

ART. 7.

Il sera nommé deux Contrôleurs généraux, l'un Contrôleur général des recettes, l'autre Contrôlenr général de la Comptabilité et de la Dette Publique.

ART. 8.

Les fonctions du Contrôleur général des recettes sont les suivantes :

1° La perception de tous les revenus de l'Etat et leurs versements dans les caisses respectives.

2° Il aura sous sa direction tous les agents de perception, sauf les fonctionnaires chargés de la perception des droits judiciaires et autres auprès des tribunaux de la Réforme.

3° Il nous proposera leur nomination par l'intermédiaire du Ministre des finances.

Il aura droit de les suspendre de leurs fonctions et il pourra aussi les révoquer après enquête régulière et avis conforme du Comité des finances, composé du Ministre des finances et des deux Contrôleurs généraux.

Les agents de perception des impôts dans les moudiriehs seront choisis parmi les sujets du pays qui en sont frappés d'aucune incapacité légale prévue par les règlements.

4° Il veillera à ce que les agents de perception ne recouvrent que les impôts autorisés. Les rôles des contributions directes ne devront être mis en recouvrement qu'après avoir été revêtus de son visa.

5° Il veillera à ce que les produits en nature formant parties des revenus soient réalisés au mieux des intérêts du Trésor. Le Comité des finances avisera aux meilleurs moyens de réalisation.

Art. 9.

Le Contrôleur général de la Comptabilité et de la Dette Publique devra remplir, en même temps, les fonctions de Conseiller près le Ministère des finances.

Ces fonctions seront les suivantes :

1° Il veillera à l'exécution de tous les règlements qui touchent aux dettes de l'État, sans préjudice des attributions qui appartiennent à la Commission de la Dette Publique.

2° Il contrôlera la comptabilité générale du Trésor et de toutes les Caisses de l'État.

3° Les Ministres ou chefs d'administration seront chargés d'ordonnancer toutes les dépenses. Pour être acquittés, les mandats ou assignations qu'ils délivreront devront être revêtus du visa du Contrôleur général.

4° Le Contrôleur général n'aura pas à apprécier l'utilité des dépenses faites par le Gouvernement. Il ne pourra refuser son visa que sur les mandats qui dépasseraient les crédits ouverts, ou qui ne permettraient pas de subvenir aux dépenses prévues pour la période de l'exercice budgétaire restant à courir.

Art. 10.

Les Contrôleurs généraux prendront part à la préparation du Budget. Ils ne pourront empiéter sur les attributions des Ministres, qui restent seuls juges de la nécessité d'affecter le crédit à telle ou telle nature de service. En conséquence le Budget sera préparé par le Ministre des finances, qui centralisera toutes les demandes des crédits faites par les chefs d'administration.

Le Budget ainsi préparé sera soumis au conseil des Ministres qui appellera dans son sein les deux Contrôleurs généraux.

Le Budget examiné et révisé, s'il y a lieu, sera soumis par le Conseil à Notre approbation.

Le Ministre des finances et les Contrôleurs généraux veilleront à la stricte exécution du Budget.

Art. 11.

Le Comité des finances approuvera préalablement les marchés ayant pour conséquence un engagement pécuniaire dont l'importance dépasserait le douzième des crédits annuels ou qui s'appliquerait à plusieurs années.

Art. 12.

Le Comité des finances aura fonction d'arrêter les règlements généraux en matière de comptabilité publique, sous Notre approbation.

ART. 13.

Les deux Contrôleurs généraux seront l'un Anglais, l'autre Français.

ART. 14.

La nomination et le choix des Contrôleurs généraux Nous appartiendront, mais pour être assuré Nous-même sur les garanties, que présenteront les personnes dont Nous ferons choix, Nous Nous adresserons officieusement aux Gouvernements anglais et français et n'engagerons que les personnes munies de l'autorisation ou de l'acquiescement de leurs Gouvernements.

Si l'un ou l'autre de ces Gouvernements, à l'époque où les nominations doivent se faire, ne donnait cette autorisation ou cet acquiescement, Notre choix se porterait sur des fonctionnaires supérieurs des deux pays, soit en activité de service, soit en retraite.

ART. 15.

Les Contrôleurs généraux seront nommés pour cinq ans. En cas de démission ou de décès, il sera procédé pour leur remplacement de la même manière que pour leur nomination.

ART. 16.

Les deux Contrôleurs généraux auront le même rang et jouiront du même traitement.

ART. 17.

Ils ne relèveront que de Nous.

Commission de la Dette Publique.

Art. 18.

La Commission de la Dette Publique est permanente jusqu'à l'entier amortissement de la Dette.

Art. 19.

Les Commissaires auront le droit d'envoyer les fonds qu'ils auront encaissés directement à la Banque d'Angleterre et à la Banque de France. Ils auront les pouvoirs nécessaires pour faire ces envois, mais ils devront, au préalable, se concerter avec le Ministre des finances et les Contrôleurs généraux.

Art. 20.

Un Commissaire anglais fera partie de la Commission de la Dette Publique. La nomination et le choix de ce Commissaire nous appartiendront; mais pour être assuré Nous-même sur les garanties que présentera la personne dont nous ferons choix, Nous Nous adresserons officieusement au Gouvernement anglais et n'engagerons qu'une personne munie de l'autorisation ou de l'acquiescement de son Gouvernement. Si le Gouvernement anglais, à l'époque où cette nomination doit se faire, ne donnait cette autorisation ou cet acquiescement, Notre choix se porterait sur un fonctionnaire supérieur de l'administration anglaise, en activité de service ou en retraite.

Art. 21.

Les marchandises ou denrées, données pour le paiement des impôts dans les Moudiriehs spécialement affectés au service de la Dette, seront mises à la disposition exclusive des Commissaires de la Dette, qui auront la faculté de les réaliser, en se concertant toutefois avec le Ministre des finances et les Contrôleurs généraux sur les meilleurs moyens de réalisation.

Art. 22.

Les membres de la Commission de la Dette Publique ne pourront accepter d'autres fonctions en Égypte.

Chemins de fer et Port d'Alexandrie.

Art. 23.

Les Chemins de fer actuellement en exploitation et le Port d'Alexandrie seront placés sous une Administration spéciale, qui ne relèvera que de Nous. Elle sera composée de cinq Administrateurs, dont deux Anglais, un Français et deux indigènes.

Un des deux Administrateurs anglais remplira les fonctions de Président.

Art. 24.

L'adjonction de l'Administration du Port d'Alexandrie à l'Administration spéciale des Chemins de fer, et l'application de ses revenus au service de la Dette Privilégiée ne pourront, en aucun cas, porter atteinte aux contrats existant actuellement avec les entrepreneurs, ni modifier les rapports du Gouvernement avec ces derniers, à l'égard des travaux qui restent à exécuter.

Art. 25.

La nomination et le choix des Administrateurs Nous appartiendront ; mais, pour être assuré Nous-même sur les garanties que présenteront les Administrateurs étrangers, dont Nous ferons choix, Nous Nous adresserons officieusement aux Gouvernements anglais et français, et n'engagerons que les personnes munies de l'autorisation ou de l'acquiescement de leurs Gouvernements.

Dans le cas où l'un ou l'autre de ces Gouvernements ne donnerait son autorisation ou son acquiescement, Notre choix se porterait sur des fonctionnaires supérieurs de l'ordre civil ou militaire des deux pays ou de leurs grandes compagnies de Chemins de fer, en activité de service ou en retraite.

Art. 26.

Les Administrateurs étrangers seront nommés pour cinq ans. En cas de démission ou de décès, il sera procédé pour leur remplacement de la même manière que pour leur nomination.

Art. 27.

L'Administration, formée ainsi qu'il est dit ci-dessus, restera en fonctions jusqu'à ce que toutes les obligations privilégiées spécialement créées aient été amorties ou remboursées. Le Port d'Alexandrie, étant compris dans cette garantie pour une somme de deux millions de livres sterling, pourra être libéré de la garantie et détaché de l'Administration commune, lorsque deux millions de livres de ces titres privilégiés auront été amortis ou remboursés.

Les Chemins de fer étant compris dans cette garantie pour quinze millions de livres sterling en titres privilégiés, pourront être libérés par l'amortissement ou le remboursement de quinze millions de ces titres.

Art. 28.

Les Administrateurs proposeront à Notre choix et nomination les employés supérieurs des Chemins de fer et du Port.

Ils nommeront directement les autres employés.

Ils auront droit de suspendre tous les employés de leurs fonctions; ils pourront aussi les révoquer après enquête régulière.

Ils auront seuls le droit de faire des modifications aux tarifs et aux règlements en vigueur, sous Notre sanction.

Ils seront exclusivement chargés de faire les contrats d'achat du matériel roulant et fixe et des matériaux nécessaires à l'exploitation des Chemins de fer et au service du Port.

Ils statueront sur les nécessités de réparation du matériel et de la voie, ainsi que de l'entretien du Port, le tout sous Notre approbation.

Art. 29.

Il sera pourvu, par les ressources générales du budget, aux dépenses extraordinaires qui auront été décidées par les Administrateurs et approuvées par Nous.

Art. 30.

Toutes les recettes des Chemins de fer et du Port d'Alexandrie, au fur et à mesure de leur encaissement, sauf ce qui est nécessaire pour les dépenses ordinaires de l'entretien et de l'exploitation, et sauf les droits des entrepreneurs du Port prévus par les contrats, seront versées à la Caisse de la Dette Publique, à laquelle elles sont affectées.

Art. 31.

La Commission de la Dette Publique ouvrira un compte spécial pour le service des obligations privilégiées cinq pour cent. Elle devra envoyer les fonds, qui lui seront versés par l'Administration des Chemins de fer et du Port, aux Banques d'Angleterre et de France, et également à un compte spécial pour le service de l'emprunt privilégié sur les Chemins de fer et le Port.

Art. 32.

Dans le cas où les versements faits par l'Administration des Chemins de fer et du Port seraient insuffisants pour le service de cette Dette, la Commission de la Dette Publique devra pourvoir à ce service en prélevant, comme une première charge, le montant nécessaire sur les ressources générales qui lui sont affectées.

ART. 33.

Toutes les dispositions de nos Décrets des 2 et 7 mai 1876, qui ne sont pas contraires aux présentes, restent en vigueur.

Fait au Caire, le 18 novembre 1876.

(*Signé*) : ISMAIL.

Par le Khédive,

Le Ministre des Finances,

(Signé) : HUSSEIN-KIAMIL.

***TABLEAU** des dépenses du Gouvernement Égyptien, mentionné à l'art. 6 du Décret ci-dessus.*

Année 1877	—	L. st.	4.259.350
» 1878	—	»	4.403.961
» 1879	—	»	4.500.000
» 1880	—	»	4.500.000
» 1881	—	»	4.500.000
» 1882	—	»	4.500.000
» 1883	—	»	4.500.000
» 1884	—	»	4.500.000
» 1885	—	»	4.500.000

NOTES DE M. GOSCHEN

SUR LE

DÉCRET DU 18 NOVEMBRE 1876

(Voir le texte du décret, pages 29 à 45.)

I

Le sens de ce paragraphe est le suivant :

D'après la loi primitive de la Moukabalah, une somme égale à 8 1/3 0/0 des avances faites chaque année pour racheter l'impôt foncier était déduite annuellement de l'impôt foncier.

Par exemple : si le total payé pour la Moukabalah en un an était de liv. st. 1,650,000 ; par suite, 137,500 liv. st. devaient être déduites de l'impôt foncier, la règle étant que la déduction devait représenter l'intérêt de l'avance. Par le décret du 7 mai, la loi de la Moukabalah fut suspendue dans son entier, mais les propriétaires fonciers protestèrent de la façon la plus énergique, et le présent décret rétablit la Moukabalah ; mais le décret, tout en la rétablissant, suspend les réductions graduelles de l'impôt foncier, et la totalité de la réduction se produira en une fois en l'année 1886.

Jusque-là, on tiendra compte d'un intérêt à 5 0/0 à ceux qui avaient droit à une réduction antérieure au décret. Ce changement est émané du Gouvernement Egyptien lui-même ; les négociateurs ont décliné toute responsabilité à cet égard.

II

Le projet primitif consistait à émettre pour liv. st. 15,000,000 de titres sur les chemins de fer. La somme nécessaire pour payer l'intérêt et l'amortissement sur ce capital était d'environ liv. st. 780,000. Les revenus nets des chemins de fer pour l'année 1875 étaient de 990,000 liv. st. C'est pour ce chiffre qu'ils figurent dans le budget de 1876, qu'ils sont aussi portés au budget de 1877. Il est possible qu'ils n'atteignent pas ce chiffre dans la présente année, s'il est vrai qu'il soit nécessaire de consacrer une plus forte somme que d'habitude aux réparations ordinaires. D'un autre côté, les améliorations dans l'administration tendront certainement à diminuer quelques-unes des dépenses d'exploitation.

La somme de 2,000,000 liv. st. a été ajoutée au preference stock pour le port d'Alexandrie. Cela entraîne une charge additionnelle d'environ 105,000 liv. st., y compris le fonds d'amortissement. Les revenus du port affectés comme garantie sont estimés par le Gouvernement comme devant dépasser probablement 130,000 liv. st. ; la perception n'en est pas encore définitivement organisée, des négociations sont en cours pour fixer le tarif; les droits de port proprement dits ont déjà été régulièrement perçus.

Dans le cas où les recettes du chemin de fer et du

port n'atteindraient pas le montant nécessaire pour payer l'intérêt et l'amortissement sur la *preference stock*, la différence devra être fournie par les revenus généraux de l'Égypte, payés aux Commissaires de la Dette publique. Cette différence formera la première charge grevant les fonds qu'ils auront entre les mains, de sorte que ces titres doivent être considérés, dans tous les cas, comme un fonds privilégié *(preference stock)*.

III

La somme additionnelle prévue pour l'amortissement, soit 35,744 liv. st., a été calculée sur la base du remboursement d'une somme capitale de 17,000,000 à l'intérêt de 5 0/0, remboursement à faire en soixante-cinq ans par des tirages sémestriels au pair.

IV

Ces obligations seront offertes par préférence aux porteurs des emprunts 1862, 1868 et 1873. Le montant total non encore remboursé de ces emprunts est de 44,250,000 livres sterling. Ainsi donc, la proportion dans laquelle chaque porteur des titres de cette nature aura droit à des titres du fonds privilégié sera celle qui existe entre 17,000,000 livres sterling et 44,250,000 livres sterling, soit 38.40 0/0. Chaque porteur aura donc le droit de recevoir 38.40 0/0 de « preference stock » et 61.60 0/0 de la Dette unifiée ordinaire. Les formes précises à employer pour opérer cette conversion, ainsi que le délai dans lequel il devra être usé du droit d'option pour la conversion du titre primitif en fonds privilégié ou « preference stock » ne sont pas encore déterminés définitivement. (Le désir qu'on aurait eu de pouvoir indiquer la manière précise dont cette question sera réglée a été une des causes du retard de la publication de ces notes.) L'intérêt sur les anciens emprunts aura été réglé jusqu'au 15 octobre. Les porteurs des emprunts de 1862 doivent recevoir l'intérêt depuis le 1er mars jusqu'au 15 octobre; ceux de l'emprunt 1868, depuis le 15 janvier jusqu'au 15 octobre; ceux de l'emprunt 1873, depuis le 15 avril jusqu'au 15 octobre. Ceux qui ont déjà converti ont reçu leur intérêt jusqu'au 15 juillet, et naturellement ils n'auront droit qu'à la différence entre le 15 juillet et le 15 octobre.

V

Les porteurs de ces emprunts auront droit à un intérêt arriéré au taux d'origine. Ceux qui ont converti et qui ont reçu l'intérêt jusqu'au 15 juillet recevront l'intérêt depuis le 15 juillet jusqu'au prochain coupon. Ceux qui n'ont pas converti auront droit à la totalité de leur intérêt. Il est bon de faire observer que les tirages ont été suspendus pour six mois. Dans le cas où, depuis le décret du 7 mai, les agents pour les emprunts auraient néanmoins fait le tirage habituel, ce sera à eux, de concert avec le Gouvernement Égyptien, de déterminer si le tirage doit compter comme le premier tirage autorisé d'après le nouveau décret. Les titres sortis au tirage seront naturellement remboursés à 80 et non pas à 100. Il est bon de faire observer qu'il n'est pas dit que les tirages doivent avoir lieu le 1er avril, le 7 juillet et le 22 mai. Mais ce que l'on a voulu dire est que les prochains paiements des titres sortis ne se feront qu'à cette époque.

VI

La Dette unifiée comprend, outre la Dette Flottante, le solde des anciens emprunts de 1862, 1868 et 1873, qui restent après que les porteurs de ces emprunts ont reçu le stock privilégié en échange de leurs titres. Elle comprend aussi le montant additionnel de titres créés d'après le décret du 7 mai, par lequel la Dette totale était élevée à 91,000,000 livres sterling. Cette addition était consignée dans les dépêches officielles de MM. Rivers, Wilson, du général Stauton, au Gouvernement de sa Majesté, publiées dans le *Journal parlementaire* (N° 8, 1876. — Égypte.). Il est important de faire remarquer que des dispositions du décret du 7 mai restent en vigueur, excepté lorsqu'elles sont expressément contredites par le présent décret. D'après le présent décret, aucune addition ni aucune réduction n'a été faite à la Dette unifiée, excepté celle spécifiée dans les chiffres ci-dessus, qui réduisent la Dette à 59,000,000 livres sterling.

VII

Le fonds d'amortissement a été calculé sur la base de remboursement d'un capital de 59,000,000 livres sterling, portant 7 0/0 d'intérêt par des tirages semestriels au pair. On doit faire observer tout particulièrement que, en même temps que l'amortissement de la Dette par des achats sur le marché durant les neuf prochaines années, ainsi qu'il est dit dans l'article 6, le fonds d'amortissement ordinaire sera en activité dès le début, et un certain nombre de titres sera payé semestriellement par voie de tirages semestriels et au pair dans la forme ordinaire.

VIII

Quant aux revenus affectés à l'annuité des anciens emprunts, ils restent tels qu'ils étaient, sous la réserve des modifications qui résultent du présent décret et sous la réserve de l'administration par les Contrôleurs généraux et par les Commissaires de la Dette publique. La modification nécessaire résulte de ce que les revenus des chemins de fer ont été spécialement affectés à l'emprunt privilégié, *preference stock*, mais ce qui restera libre après cette affectation privilégiée sur des revenus des chemins de fer demeurera la garantie de la Dette générale, qui a d'ailleurs subi une réduction proportionnelle à l'importance de la diminution du gage.

IX

Ce paragraphe et les deux qui suivent ont été introduits afin de faire face à toute difficulté en ce qui touche un déficit dans le revenu, et pour mettre fin aux discussions qui avaient eu lieu entre le Gouvernement et les négociateurs au sujet du montant des revenus. Si les revenus n'étaient pas suffisants pour faire face aux dépenses budgétaires du Gouvernement, telles qu'elles ont été fixées dans le tableau annexé au décret, ainsi qu'au service de la Dette publique, le solde nécessaire sera pris sur l'excédant libre du produit de la Moukabalah après paiement des annuités des emprunts courts. La Moukabalah s'élevant à plus de 1,650,000 liv. st. et les annuités pour les emprunts courts pendant les années où elles seront le plus élevées n'excédant pas 1,050,000 liv. st., 600,000 liv. st., resteront pour couvrir un déficit dans les revenus, si ce déficit se produisait. S'il n'y a pas de déficit, tout ce qui restera sur le produit de la Moukabalah, après paiement des annuités des emprunts courts, doit être consacré, d'après les termes de l'arrangement, à racheter des titres de la Dette unifiée. D'un autre côté, si les revenus, après avoir fait face aux dépenses budgétaires et au service de la Dette publique, laissent un excédant, cet excédant sera appliqué au rachat de la Dette. Donc les trois sommes dont on pourrait se servir pour le rachat de la Dette, s'il y avait un excédant, (sans compter le fonds ordinaire d'amortissement) sont les suivantes :

1° 1 0/0 sur le montant de la Dette unifiée, d'après son chiffre au commencement de l'année ;

2° La portion du produit de la Moukabalah restée libre après paiement de l'annuité des emprunts courts;

3° Excédants généraux de revenus.

Si les revenus s'abaissent, l'effet serait qu'il n'y aurait pas d'excédant à appliquer au rachat de la Dette et qu'une portion des fonds de la Moukabalah pourrait aussi être absorbée.

Les sommes à employer pour le paiement de la Dette, selon le mécanisme qui vient d'être décrit, serviront à acheter des titres de la Dette unifiée, par des achats publics sur le marché et au prix du jour; mais s'il était impossible aux commissaires de la Dette publique d'acheter à un taux inférieur à 75, dans ce cas, le remboursement aurait lieu par voie de tirage au sort et les bons désignés par le tirage seraient remboursés à 75. Cet arrangement a été fait afin d'assurer dans tous les cas le chiffre de réduction nécessaire dans le montant de la dette. Si les revenus augmentent de telle façon que leur emploi déterminerait une réduction de la dette supérieure à la réduction prévue; dans ce cas, les obligations sorties au tirage seront remboursées à 80.

Les négociateurs ont montré l'inconvénient qu'il y avait à limiter toute hausse possible des titres au taux de 75, et c'est pourquoi il a été décidé que les obligations seraient remboursées à 80, s'il y avait somme suffisante pour le faire sans mettre en péril la réduction obligatoire de la Dette.

X

Il est bon de faire observer qu'il y a des limites imposées au choix des agents de perception dans les provinces. Le contrôleur général est tenu de les choisir parmi les indigènes. Les inconvénients de cette restriction ont été montrés au Vice-Roi, mais il a été impossible de lui persuader de modifier cette déci si o au moins quant à présent. Au Caire et à Alexandr e, et, du reste, dans toutes les villes, ainsi que pour toutes les branches des revenus indirects, telles que les douanes, le monopole du tabac et les salines, on n'a jamais mis de limites à l'emploi des Européens. Le Vice-Roi a vu des inconvénients à couvrir d'Européens l'intérieur du pays. Les Contrôleurs généraux, disait-il, iront eux-mêmes dans l'intérieur autant qu'ils le voudront. Cette restriction est très-regrettable, et il faut espérer que plus tard on parviendra à surmonter les objections du Vice-Roi. Il est bien entendu que le Contrôleur général aura la plus grande latitude pour le choix des collecteurs parmi les indigènes, qu'il peut les suspendre à sa discrétion et que le comité des finances peut les révoquer sans que qui que ce soit puisse arrêter ses décisions.

XI

Ce paragraphe et le suivant sont faits pour empêcher une somme destinée à un objet d'être appliquée à un autre, et empêcher en général un mauvais emploi des fonds. Le Contrôleur contre-signera les ordres de paiement qui rentrent dans le cours régulier de l'administration, mais il peut refuser sa signature, s'il trouve que ces ordres dépassent la somme dont le Ministre, qui a délivré ces ordres, est en droit de disposer, ou si ces mandats sont si élevés que le paiement n'en pourrait être fait sans entamer les ressources nécessaires pour faire face aux prévisions de dépense pour le reste de l'année.

XII

Le texte de cet article est presque identique à celui dont se servent les décrets sur lesquels repose l'institution des juges des tribunaux internationaux. La seule différence est que, dans ces décrets, l'autorisation et l'acquiescement des deux Gouvernements sont exigés, tandis que, dans ce décret-ci, on se contente de l'autorisation ou de l'*acquiescement*. On remarquera qu'il dit qu'on n'est pas absolument certain que les Gouvernements consentiront, en fait, mais que l'on a pourvu au cas où un refus se produirait de la part soit de l'un, soit de l'autre des deux Gouvernements.

Le Vice-Roi était peu disposé à accepter, pour désignation de ces hauts fonctionnaires, toute désignation qui ne serait pas faite par les Gouvernements de France et d'Angleterre, et on a trouvé impossible d'indiquer aucune autre autorité qui pût paraître avoir des titres sérieux à remplir cet office.

NOTE

La note suivante explique les modifications qui ont été apportées à la position des porteurs des différents emprunts; elle compare leur situation, d'après le décret du 18 novembre, à celle qui leur était faite par le décret du 7 mai.

Emprunts de 1864, 1865-1866 et 1867.

D'après le décret du 7 mai, ces emprunts devaient jouir d'une bonification de 5 0/0 en nouveaux titres et devaient être confondus dans la Dette Générale Unifiée remboursable en soixante-cinq ans.

D'après le décret du 18 novembre, ces emprunts doivent être remboursés dans un délai de six mois au plus après les dates fixées par les contrats primitifs, mais à 80 au lieu de 100. Ils auront droit à tous les intérêts arriérés. Une ressource spéciale, la Moukabalah, est affectée en garantie du paiement.

Le montant de la Moukabalah est d'environ 1 million 650,000 livres sterling par an. Les annuités des emprunts courts sont les suivantes :

1877	livres sterling	1.060.000
1878	—	1.047.000
1879	—	1.032.000
1880	—	768.000
1881	—	294.000
1882	—	210.000

Emprunts de 1862, 1868 et 1873.

D'après le décret du 7 mai, ces emprunts étaient simplement confondus dans la Dette Générale Unifiée.

D'après le nouveau décret, près des 2/5 (la proportion exacte est 38.40), peuvent, au choix des porteurs, être convertis en un « preference stock » rapportant 5 0/0.

Le « preference stock », garanti d'abord par les chemins de fer et, en outre, par les revenus généraux dont il est la première charge, a ainsi la priorité sur la Dette Unifiée. Le montant total de ces emprunts est de 44,250,000 livr. sterl., dont 17,000,000 livr. sterl. seront convertis en « preference stock » et 27.250.000 livr. sterl. en Dette Unifiée. On fera bientôt connaître aux porteurs les moyens d'opérer la conversion.

Le Comptoir d'Escompte de Paris, établissement jouissant d'une haute considération à Paris, a été chargé, d'après les arrangements du 7 mai, de mettre à exécution la conversion.

La conversion a déjà été faite dans une certaine mesure. Le Vice-Roi a chargé le Comptoir d'Escompte d'achever l'opération qu'il a commencée, et je crois qu'on publiera bientôt un avis donnant des renseignements précis aux porteurs des différents emprunts et leur indiquant la marche à suivre. Je pense que le Comptoir d'Escompte est, dès aujourd'hui, prêt à payer l'intérêt des emprunts de 1862, 1868 et 1873, compris dans la conversion, jusqu'au 15 juillet, sur le dépôt des titres pour la conversion. Les reçus délivrés pour les titres déposés spécifient à quel emprunt appartient chaque titre, et les porteurs de ces reçus auront droit à leur part de « preference stock » exactement comme s'ils avaient encore les titres primitifs entre les mains. Pour chaque 100 livr. sterl. des titres d'emprunts déposés, les porteurs auront droit à 38.40 0/0, soit 38 livr. sterl. 8 sh. de « preference stock », et 61.60, soit 61 livr. sterl. 12 sh. en titres de la Dette Unifiée. Je suis convaincu qu'il ne s'élèvera aucune difficulté sur ces divisions et que des facilités seront accordées pour les négociations.

Les notes relatives aux différentes clauses du décret montreront la position dans laquelle se trouveront les porteurs des divers emprunts, en ce qui concerne les coupons courants et les coupons arriérés.

Signé : G.-J. GOSCHEN.

IMPRIMERIE CENTRALE DES CHEMINS DE FER. — A. CHAIX ET Cie,
RUE BERGÈRE, 20, A PARIS. — 22017-6.

32

www.ingramcontent.com/pod-product-compliance
Ingram Content Group UK Ltd.
Pitfield, Milton Keynes, MK11 3LW, UK
UKHW021014220726
13924UKWH00002B/973